São Sebastião

Elam de Almeida Pimentel

São Sebastião
Invocado para proteger da violência

Novena e ladainha

Petrópolis

© 2015, Editora Vozes Ltda.
Rua Frei Luís, 100
25689- 900 Petrópolis, RJ
www.vozes.com.br
Brasil

Todos os direitos reservados. Nenhuma parte desta obra poderá
ser reproduzida ou transmitida por qualquer forma e/ou quaisquer
meios (eletrônico ou mecânico, incluindo fotocópia e gravação)
ou arquivada em qualquer sistema ou banco de dados
sem permissão escrita da editora.

Diretor editorial
Frei Antônio Moser

Editores
Aline dos Santos Carneiro
José Maria da Silva
Lídio Peretti
Marilac Loraine Oleniki

Secretário executivo
João Batista Kreuch

Editoração: Gleisse Dias dos Reis Chies
Diagramação: Sheilandre Desenv. Gráfico
Capa: Omar Santos

ISBN 978-85-326-4913-3

Editado conforme o novo acordo ortográfico.

Este livro foi composto e impresso pela Editora Vozes Ltda.

Sumário

1 Apresentação, 7

2 História da vida de São Sebastião, 8

3 Novena de São Sebastião, 12

    1º dia, 12

    2º dia, 13

    3º dia, 15

    4º dia, 16

    5º dia, 17

    6º dia, 19

    7º dia, 20

    8º dia, 21

    9º dia, 23

4 Orações a São Sebastião, 25

5 Ladainha de São Sebastião, 29

Apresentação

São Sebastião foi um militar que professava corajosamente o cristianismo, seguindo os ensinamentos de Jesus. O Imperador Diocleciano tentou dissuadi-lo a abandonar sua fé, mas não conseguiu; então mandou matá-lo.

São Sebastião é comemorado no dia 20 de janeiro. É o santo lembrado nos momentos de perseguição e violência, e também invocado contra a fome.

É padroeiro da cidade do Rio de Janeiro e protetor dos presidiários, arqueiros, estivadores.

Este livrinho contém a vida de São Sebastião, sua novena, orações e ladainha. Durante a novena os devotos refletirão sobre breves passagens do Evangelho, seguidas de uma oração para o pedido da graça especial, acompanhada de um Pai-nosso, uma Ave-Maria e um Glória-ao-Pai.

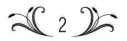

História da vida de São Sebastião

De sobrenome desconhecido, Sebastião provavelmente nasceu no ano 250, em Narbona, e foi educado em Milão, terra de sua mãe. Alguns relatos dizem que seu pai foi soldado do Império Romano e que a família transmitiu a ele, desde criança, os ensinamentos cristãos.

Sebastião alistou-se ainda jovem como legionário e, por sua bravura, conquistou a admiração dos colegas e do próprio imperador, sendo nomeado chefe da Guarda Pretoriana. Aproveitou o acesso livre que tinha ao cárcere para visitar os prisioneiros, levando palavras de consolo e esperança. Os presos descobriram no Deus de Sebastião a paz que precisavam e muitos se converteram ao cristianismo. Impressionados com a mudança de atitude dos prisioneiros, muitos soldados também se converteram. A notícia de seus atos cristãos se espalhou, chegando até o prefeito da cidade, Cromácio. Segundo uma das versões da história, Cromácio estava doente, sofrendo com reumatismo e resolveu não punir Sebastião e, após conversar com ele, aceitou ser batizado e, milagrosamente, ficou curado. Em retribuição, abandonou a política para ajudar os cristãos.

Sebastião foi aconselhado a deixar Roma para não ser descoberto e punido, mas se negou. Não demorou para que o Imperador Diocleciano descobrisse e tentasse demovê-lo de sua fé, mas Sebastião não se intimidou. Diocleciano ordenou que ele fosse despido, atado a uma árvore e morto a flechadas. Ao ouvir o que pareciam ser seus últimos suspiros, os algozes o abandonaram. Uma mulher chegou ao local para enterrá-lo e notou que Sebastião ainda respirava. Retirou as flechas do seu corpo, tratou de suas feridas e ele se recuperou. Mas Sebastião voltou a procurar o imperador, reprovando sua crueldade e pedindo o fim das perseguições aos cristãos. Foi então preso e morto com pauladas e balas de chumbo, diante da população de Roma. Tinha na ocasião 38 anos. O imperador ordenou que o corpo de Sebastião fosse jogado nos esgotos de Roma para evitar que fosse venerado. Uma mulher o encontrou e, retirado do esgoto, os cristãos o sepultaram na catacumba que teve o seu nome.

No decorrer dos séculos os milagres atribuídos a São Sebastião se propagaram muito. Dizem que suas relíquias foram transportadas para uma basílica erguida pelo Imperador Constantino. Naquela época a peste tomava conta de muitas cidades e, quando a relíquia chegou a Roma, a epidemia desapareceu e, por isso, São Sebastião é o grande padroeiro contra a peste.

São Sebastião é muito popular no Brasil, sendo padroeiro da cidade do Rio de Janeiro. Diz a tradição popular que São Sebastião lutou junto com os portugueses, defendendo a cidade dos franceses.

Considerado o santo defensor contra as moléstias religiosas, invocado nas epidemias, nas guerras e na escassez de víveres.

É o protetor dos agropecuários e protetor contra a violência. "Os devotos de São Sebastião não morrem de fome, nem de peste, nem de guerras." É também patrono dos presidiários porque também foi aprisionado.

Representado iconograficamente seminu, atado a uma árvore e com o corpo coberto de setas, ou de chagas produzidas por elas. É celebrado no dia 20 de janeiro.

Novena de São Sebastião

1º dia

Iniciemos com fé este primeiro dia de nossa novena, invocando a presença da Santíssima Trindade: em nome do Pai, do Filho e do Espírito Santo. Amém.

Leitura bíblica: Is 43,2-3

> Se tiveres de passar pela água, estarei a teu lado, se tiveres de varar rios, eles não te submergirão. Se andares pelo fogo, não serás chamuscado, e as labaredas não te queimarão. Pois eu sou o Senhor teu Deus, o Santo de Israel, teu Salvador...

Reflexão

Confiemos no Senhor, Ele é o nosso defensor. Aprendamos a buscar socorro em Deus, clamando por Ele em momentos difíceis e seguindo o exemplo de Isaías e de São Sebastião, acreditando que só em Deus podemos "viver em segurança".

Oração

Poderoso São Sebastião, ajudai-nos a enfrentar as situações difíceis, mantendo-nos fiéis a Deus. Alcançai-nos de Deus Pai a graça que a vós suplicamos... (fazer o pedido).

Pai-nosso.

Ave-Maria.

Glória-ao-Pai.

São Sebastião, rogai por nós.

2º dia

Iniciemos com fé este segundo dia de nossa novena, invocando a presença da Santíssima Trindade; em nome do Pai, do Filho e do Espírito Santo. Amém.

Leitura bíblica: Sl 56,10-12

Meus inimigos baterão em retirada / no dia em que eu clamar a ti. / Isto eu sei: Deus está a meu favor. / Em Deus, cuja palavra eu louvo, / no Senhor, cuja palavra eu louvo, / neste Deus eu confio e nada temo: / O que poderá um ser humano fazer contra mim?

Reflexão

Busquemos o Senhor, e Ele nos livrará de todos os nossos temores. Precisamos ter fé no poder de Deus de nos ouvir e nos responder. São Sebastião teve uma fé inabalável em Deus e sentiu a presença divina em momentos difíceis de seu martírio. Oremos a São Sebastião, pedindo sua intercessão e procurando imitá-lo nos momentos em que nossa fé for posta à prova.

Oração

Glorioso mártir, São Sebastião, socorrei-me neste difícil momento. Confiante em vosso poder, eu vos peço que... (falar o pedido).

Pai-nosso.

Ave-Maria.

Glória-ao-Pai.

São Sebastião, rogai por nós.

3º dia

Iniciemos com fé este terceiro dia de nossa novena, invocando a presença da Santíssima Trindade: em nome do Pai, do Filho e do Espírito Santo. Amém.

Leitura bíblica: 2Tm 1,7-8

> Pois Deus não nos deu um espírito de timidez, mas de fortaleza, amor e sobriedade. Não te envergonhes de dar testemunho do nosso Senhor...

Reflexão

Os versículos apresentam a necessidade de dar nosso testemunho da importância de Deus em nossa vida, mesmo diante dos temores, das fraquezas e dos inimigos. Fortalecer-nos em Deus é sempre necessário e assim fez São Sebastião, santo valente e fiel a Deus.

Oração

São Sebastião, glorioso mártir, atendei minhas súplicas. Vinde em meu auxílio. Eu vos peço... (mencionar o pedido da novena).

Pai-nosso.

Ave-Maria.

Glória-ao-Pai.

São Sebastião, rogai por nós.

4º dia

Iniciemos com fé este quarto dia de nossa novena, invocando a presença da Santíssima Trindade: em nome do Pai, do Filho e do Espírito Santo. Amém.

Leitura bíblica: Fl 4,6-7

> Não vos inquieteis por coisa alguma. Em todas as circunstâncias apresentai a Deus as vossas necessidades em oração e súplica, acompanhadas de ação de graças. E a paz de Deus, que excede toda inteligência, haverá de guardar vossos corações e pensamentos em Cristo Jesus...

Reflexão

Precisamos de oração ao Senhor sempre, seja para pedir ou para louvá-lo. Por meio de nossas orações, podemos construir barreiras contra tudo o que se opõe à paz tão necessária em nossa vida. "Louvai a Deus, convida sua presença a reinar em nosso meio, e sua presença é sempre transformadora."

Oração

Poderoso São Sebastião, obtende-nos a fé necessária para jamais nos esquecermos de louvar a Deus. Neste dia da novena peço vossa intercessão para... (mencionar o pedido).

Pai-nosso.

Ave-Maria.

Glória-ao-Pai.

São Sebastião, rogai por nós.

5º dia

Iniciemos com fé este quinto dia de nossa novena, invocando a presença da Santíssima Trindade: em nome do Pai, do Filho e do Espírito Santo. Amém.

Leitura bíblica: 1Jo 5,14-15

Esta é a confiança que temos nele: se lhe pedimos alguma coisa de acordo com sua vontade, Ele nos ouve. E, se sabemos que nos ouve em tudo que lhe pedimos, sabemos que possuímos o que lhe tivermos pedido.

Reflexão

Só Deus sabe o que devemos fazer. Precisamos buscar a orientação do Senhor, pedindo que nos dê clareza e discernimento acerca de quando devemos somente orar e deixar que Ele opere segundo a sua vontade. Só experimentamos a verdadeira paz quando entregamos nossas aflições nas mãos divinas com fé e esperança. Roguemos a São Sebastião, pedindo sua intercessão para acreditar que tudo é possível, se for a vontade de Deus.

Oração

São Sebastião, santo guerreiro, invencível na fé em Deus. Eu aceito Jesus Cristo como meu único Senhor e Salvador. Eu vos peço que... (mencionar o pedido).

Pai-nosso.

Ave-Maria.

Glória-ao-Pai.

São Sebastião, rogai por nós.

6º dia

Iniciemos com fé este sexto dia de nossa novena, invocando a presença da Santíssima Trindade: em nome do Pai, do Filho e do Espírito Santo. Amém.

Leitura bíblica: Sl 27,7-8.11-14

Senhor, escuta minha voz quando eu chamo, / tem compaixão de mim e responde-me! / A ti fala meu coração, / meus olhos te procuram, / eu busco tua presença, Senhor... // Mostra-me, Senhor, teu caminho / e conduze-me por vereda segura, / por causa daqueles que me espreitam! / Não me entregues à sanha dos meus adversários, / pois contra mim se levantaram testemunhas falsas / e um boato de violência. / Tenho certeza de experimentar a bondade do Senhor / na terra dos vivos! / Espera no Senhor! / Sê forte e corajoso no teu coração! / Espera no Senhor!

Reflexão

Estes trechos do Sl 27 nos fazem lembrar de São Sebastião, com sua fé e esperança em Deus, mesmo nos momentos em que sofreu perseguição e violência. Peçamos a ele resignação para os que sofrem enfrentando perseguição e violência.

Oração

São Sebastião, santo exemplo de coragem e caridade, nós vos pedimos que nos alcanceis de Deus o amparo para os que enfrentam situações de perseguição e violência e, particularmente, para o alcance da graça de que tanto necessito... (mencionar o pedido).

Pai-nosso.

Ave-Maria.

Glória-ao-Pai.

São Sebastião, rogai por nós.

7º dia

Iniciemos com fé este sétimo dia de nossa novena, invocando a presença da Santíssima Trindade: em nome do Pai, do Filho e do Espírito Santo. Amém.

Leitura bíblica: Sl 59,2-3

Meu Deus, livra-me dos meus inimigos, / protege-me dos meus agressores! / Livra-me dos malfeitores, / salva-me dos homens sanguinários!

Reflexão

São Sebastião, diante das adversidades e perseguições, conservou sua fidelidade a Jesus, semelhante ao salmista. Devemos seguir o exemplo deste santo glorioso, colocando nossos sofrimentos nas mãos de Jesus.

Oração

Meu São Sebastião, defendei-me com vossa força, acabando com meu sofrimento neste difícil momento... (falar a situação aflitiva e fazer o pedido).

Pai-nosso.

Ave-Maria.

Glória-ao-Pai.

São Sebastião, rogai por nós.

8º dia

Iniciemos com fé este oitavo dia de nossa novena, invocando a presença da Santíssima Trindade: em nome do Pai, do Filho e do Espírito Santo. Amém.

Leitura bíblica: Cl 4,2

> Aplicai-vos com assiduidade e vigilância à oração, acompanhada de ação de graças.

Reflexão

Orar é preciso sempre e não é dizer a Deus o que fazer. É preciso conversar com Deus, expor nossos problemas, acreditando que Deus pode tudo e tudo se resolverá no momento certo para Deus. Cabe a nós, portanto, orar, esperar e louvar a Deus, agradecendo.

Oração

São Sebastião, santo da esperança, eu sei que Deus é o Pai perfeito. Dê-me fé para crer e paciência para esperar pela resposta. Santo poderoso, atendei ao pedido que faço nesta novena... (falar o pedido).

Pai-nosso.

Ave-Maria.

Glória-ao-Pai.

São Sebastião, rogai por nós.

9º dia

Iniciemos com fé este nono dia de nossa novena, invocando a presença da Santíssima Trindade: em nome do Pai, do Filho e do Espírito Santo. Amém.

Leitura bíblica: At 12,20-24

Herodes estava irritado com os habitantes de Tiro e Sidônia. Estes, de comum acordo, apresentaram-se a ele e, com o apoio de Blasto, camareiro do rei, pediram a paz. É que sua região se abastecia no território do rei. No dia marcado, Herodes, vestido de traje real, sentou-se no tribunal e dirigiu-lhes a palavra. O povo começou a aclamar: "Palavra de um deus e não de homem". No mesmo instante, o anjo do Senhor o feriu por não haver glorificado a Deus. E ele morreu todo roído de vermes. A Palavra do Senhor crescia e se espalhava cada vez mais.

Reflexão

"Palavra de um deus e não de homem." O imperador se julgava um deus, pensava que podia fazer tudo o que quisesse e ainda exigia que o povo o tratasse como deus. O imperador podia até matar, sem prestar contas a ninguém. Por isso os cristãos eram perseguidos, por não aceitarem tais fatos. E Sebastião foi um soldado cristão que foi promovido, fazendo parte da guarda pessoal do imperador e continuou uma pessoa simples, humilde e sincera, orando e batalhando em nome da fé em Jesus. Oremos a São Sebastião, pedindo sua proteção em todas as circunstâncias de nossa vida.

Oração

São Sebastião, bendito e glorioso, livrai-nos da fome, da guerra e do mal. Vinde em meu socorro, ajudando-me a... (fazer o pedido). Dai-me coragem e esperança e fortalecei minha fé em Jesus. Amém.

Pai-nosso.

Ave-Maria.

Glória-ao-Pai.

São Sebastião, rogai por nós.

4

Orações a São Sebastião

Oração 1

Ó glorioso mártir São Sebastião, fiel seguidor e cumpridor do Evangelho de Cristo, enfrentastes adversidades, perseguições e até o martírio cruel, mas não renegastes a fé. Queremos seguir vosso exemplo de coragem, constância e fortaleza. Intercedei por nós, para que não ofereçamos obstáculos à ação do Espírito Santo. Que por ele sejamos iluminados e animados a enfrentar as injustiças deste mundo, a vencer o mal com a prática do bem, a superar os sinais de morte e proclamar a vitória da vida.

Rogai por nós, para que a nossa caminhada cristã, entre sofrimentos e alegrias, agrade a Deus mediante uma colheita de boas obras, a fim de que sejamos conduzidos ao seu reino de amor. Amém!

Oração 2

Glorioso mártir São Sebastião, valoroso padroeiro e defensor da cidade do Rio de Janeiro, vós que derramastes vosso sangue e destes vossa vida em testemunho da fé em Nosso Senhor Jesus Cristo, alcançai-nos do mesmo Senhor a graça de sermos vencedores dos nossos verdadeiros inimigos: o ter, o poder e o prazer, que fazem viver sem fé, sem esperança e sem caridade. Protegei, com a vossa poderosa intercessão, os filhos desta terra. Livrai-nos de toda epidemia corporal, moral e espiritual. Fazei com que se convertam aqueles que, por querer ou sem querer, são instrumentos de infelicidade para os outros. E que o justo persevere na sua fé e propague o amor de Deus até o triunfo final.

São Sebastião, advogado contra a epidemia, a fome e a guerra, rogai por nós.

Rezar o Pai-nosso, a Ave-Maria e o Glória-ao-Pai.

Oração 3

Onipotente e eterno Deus, que, pela intercessão de São Sebastião, vosso glorioso mártir, encorajastes os cristãos encarcerados e livrastes cidades inteiras do contágio da peste, atendei as nossas humildes súplicas, socorrei-nos em nossas necessidades, aliviai-nos das nossas angústias, reanimai os encarcerados, curai os doentes e livrai-nos do contágio.

Pelos méritos de São Sebastião, atendei-nos, Senhor.

Amém.

Oração 4

Ó Deus todo-poderoso, que tendes manifestado em diversas ocasiões a valia de São Sebastião contra epidemias, pestes e doenças, e também contra a guerra, nós vos pedimos, pela intercessão de tão heroico mártir da fé, sejamos defendidos no perigo de uma nova guerra e de suas terríveis consequências nucleares. Imploramos também de vossa bondade que, pelos méritos deste santo, sejam protegidos os animais de nossos campos de toda epidemia. Enfim, vos rogamos, Senhor, pelo sangue que São Sebastião derramou, livrei as populações mais sofredoras, particularmente as crianças inocentes, da terrível ameaça da fome que ceifa no mundo tantas vidas. Nós vo-lo pedimos por Cristo Nosso Senhor, na unidade do Espírito Santo. Amém.

Pai-nosso.

Ave-Maria.

Glória-ao-Pai.

São Sebastião, rogai por nós.

Ladainha de São Sebastião

Senhor, tende piedade de nós.
Jesus Cristo, tende piedade de nós.
Senhor, tende piedade de nós.

Jesus Cristo, ouvi-nos.
Jesus Cristo, atendei-nos.

Pai Celeste, que sois Deus, tende piedade de nós.
Deus Filho, redentor do mundo, tende piedade de nós.
Deus Espírito Santo, tende piedade de nós.
Santíssima Trindade, que sois um só Deus, tende piedade de nós.

Santa Maria, rainha dos mártires, rogai por nós.

São Sebastião, grande mártir do cristianismo, rogai por nós.
São Sebastião, protetor dos presidiários, rogai por nós.
São Sebastião, protetor dos arqueiros, rogai por nós.
São Sebastião, protetor contra a peste e doenças contagiosas, rogai por nós.
São Sebastião, padroeiro do Rio de Janeiro, rogai por nós.
São Sebastião, protetor contra a fome, rogai por nós.
São Sebastião, defensor da fé cristã, rogai por nós.
São Sebastião, santo da fé e esperança, rogai por nós.
São Sebastião, santo misericordioso, rogai por nós.
São Sebastião, santo louvado e amado, rogai por nós.
São Sebastião, santo lembrado nos momentos de perseguição, rogai por nós.
São Sebastião, santo defensor dos injustiçados, rogai por nós.

São Sebastião, que sobreviveu às flechas de seus algozes, rogai por nós.
São Sebastião, santo de poder, rogai por nós.
São Sebastião, santo que leva nossas preces ao trono divino, rogai por nós.
São Sebastião, auxílio nas tribulações, rogai por nós.

Cordeiro de Deus, que tirais o pecado do mundo, perdoai-nos, Senhor.
Cordeiro de Deus, que tirais o pecado do mundo, ouvi-nos, Senhor.
Cordeiro de Deus, que tirais o pecado do mundo, tende piedade de nós, Senhor.

Jesus Cristo, ouvi-nos.
Jesus Cristo, atendei-nos.

Rogai por nós, São Sebastião,
para que sejamos dignos das promessas de Cristo.

CULTURAL
CATEQUÉTICO PASTORAL
TEOLÓGICO ESPIRITUAL
REVISTAS
PRODUTOS SAZONAIS
VOZES NOBILIS
VOZES DE BOLSO

CADASTRE-SE
www.vozes.com.br

EDITORA VOZES LTDA.
Rua Frei Luís, 100 – Centro – Cep 25689-900 – Petrópolis, RJ
Tel.: (24) 2233-9000 – Fax: (24) 2231-4676 – E-mail: vendas@vozes.com.br

UNIDADES NO BRASIL: Belo Horizonte, MG – Brasília, DF – Campinas, SP – Cuiabá, MT
Curitiba, PR – Florianópolis, SC – Fortaleza, CE – Goiânia, GO – Juiz de Fora, MG
Manaus, AM – Petrópolis, RJ – Porto Alegre, RS – Recife, PE – Rio de Janeiro, RJ
Salvador, BA – São Paulo, SP